DEPARTEMENT DE LA MARNE

RÈGLEMENT

du Personnel des Bureaux

DE LA PRÉFECTURE

ET DES SOUS-PRÉFECTURES

Décision du Conseil Général

du 13 Septembre 1923

CHALONS-SUR-MARNE

IMPRIMERIE-LIBRAIRIE DE L'UNION RÉPUBLICAINE

27, rue d'Orfeuil et rue Gambetta, 10

1923

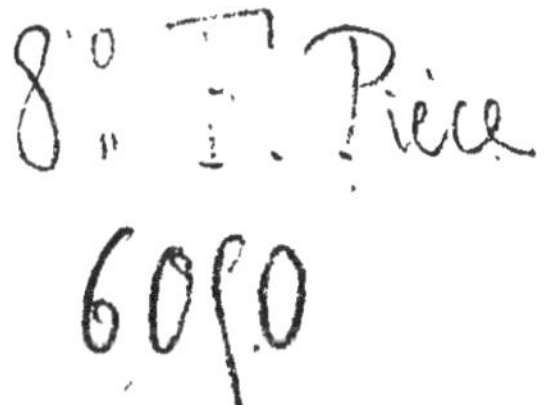

RÈGLEMENT DU PERSONNEL

de la Préfecture et des Sous-Préfectures

de la Marne

NOUS, Préfet du département de la Marne,

Commandeur de la Légion d'Honneur,

Vu la loi du 28 pluviose an VIII,

Vu la loi du 10 Août 1871,

Vu les lois du 21 Mars 1905 et 17 Avril 1916 réservant certains emplois des bureaux des Préfectures et Sous-Préfectures aux anciens militaires de l'armee de terre et de mer retraités ou réformés N° 1 pour blessures de guerre ou maladies contractées au service,

Vu l'article 65 de la loi de finances du 22 Avril 1905,

Vu le règlement de la caisse départementale des retraites de la Marne en date du 23 Août 1911, autorisée par décret du 11 Août 1913,

Vu les lois des 1ᵉʳ et 20 Avril 1920 sur la réorganisation des bureaux des Préfectures et Sous-Préfectures et l'attribution d'un statut au personnel de ces bureaux,

Vu le décret du 17 Juillet 1920 portant règlement d'administration publique pour l'application de la loi du 1ᵉʳ Avril 1920,

Vu les précédents règlements du personnel des bureaux de la Préfecture et des Sous-Préfectures des 1ᵉʳ Mai 1919 et 4 Mai 1920, approuvés par M. le Ministre de l'Intérieur le 12 Octobre 1920,

ARRÊTONS :

CHAPITRE I

Cadres — Emplois — Organisation des Services.

ARTICLE 1ᵉʳ. — Les services de la Préfecture comprennent :

1º Le Cabinet du Préfet.

2º Les trois Divisions.

3º Le greffe du Conseil de Préfecture.

4º Le personnel départemental dépendant de l'Inspection de l'Assistance Publique et de l'Inspection de l'Hygiène Publique.

5º Le personnel départemental titulaire de l'asile des aliénés ou de l'hospice dépôt départemental.

6º L'Inspecteur-expert de la caisse départementale des Incendies.

7º Les archives départementales (à l'exclusion de l'archiviste).

8º Le service vétérinaire (à l'exclusion du vétérinaire départemental).

9º Le personnel de service (huissiers, gardiens de bureaux et concierges).

Article 2. — Les attributions du Cabinet, des Divisions et des services annexes sont fixées par un arrêté spécial du Préfet.

Article 3. — Le personnel des bureaux de la Préfecture comprend :

3 chefs de division
13 ou 14 chefs de bureau
29 ou 30 rédacteurs
(ces ceux derniers chiffres varient suivant que l'employé des archives a le grade de chef de bureau ou de rédacteur)
5 dactylographes
1 téléphoniste
auxiliaires temporaires et recrutés suivant les besoins des services.
1 huissier du Préfet
2 garçons de bureau
1 concierge
1 jardinier

Sont assimilés, pour la détermination du traitement qui leur est versé par le département :

a) au grade de chef de Division :

l'Archiviste départemental ;

le Directeur de l'asile départemental de vieillards ;

l'Inspecteur-expert de la Caisse départementale des Incendies.

b) au grade de chef de bureau :

les receveurs, économes et secrétaires des asiles départementaux d'aliénés et de vieillards.

c) au grade de rédacteur :

le surveillant général de l'hospice départemental de vieillards ;

les chefs de poste du service départemental de désinfection.

Les Commissions de surveillance des établissements hospitaliers devront toutefois évaluer les avantages en nature concédés à leurs agents et en déduire le montant du traitement de la classe où les place leur ancienneté de service.

ARTICLE 4. — Les Divisions comprennent :

1re Division. — 1er Bureau : Secrétariat général.

2e Bureau : Services d'assistance.

3e Bureau : Administration communale.

4e Bureau : Retraites ouvrières.

Les services vétérinaire, d'hygiène et de désinfection sont en outre rattachés à la première Division.

2e Division. — 1er Bureau : Agriculture, Commerce, Industrie.

2e Bureau : Comptabilité générale et départementale.

3e Bureau : Travaux Publics.

4e Bureau : Instruction Publique, Beaux-Arts.

3e Division. — 1er Bureau : Bureau militaire.

2e Bureau : Ravitaillement, Pêche, Chasse, Automobile.

3e Bureau : Travail, Hygiène.

Le personnel des Divisions comprend :

*1*re *Division.* — 1 Chef de Division
4 Chefs de bureau
9 rédacteurs
1 dactylographe.

*2*e *Division.* — 1 Chef de Division
4 Chefs de bureau
7 rédacteurs
1 dactylographe.

*3*e *Division.* — 1 Chef de Division
3 Chefs de bureau
5 rédacteurs
1 dactylographe.

Bureau de l'Assistance Publique : 5 rédacteurs, 1 dactylographe.

Archives : 1 Rédacteur susceptible de devenir sur place Chef de Bureau (l'employé des archives ne peut, sauf sur sa demande motivée et reconnue recevable par la Commission de classement, être affecté à un autre poste que celui des archives).

Greffe du Conseil de Préfecture : 1 Secrétaire greffier ayant rang de Chef de bureau.
1 Rédacteur.

Cabinet du Préfet : 1 Chef de Cabinet
1 Chef de Bureau
2 rédacteurs
1 dactylographe
1 téléphoniste dactylographe.

Personnel de Service : 1 huissier au Cabinet du Préfet
2 garçons de bureau
1 concierge
1 jardinier.

Article 5. — Les services des Sous-Préfectures sont ainsi composés.

Sous-Préfecture d'Epernay

1 Secrétaire en Chef (Chef de Bureau)
1 rédacteur
1 dactylographe
1 concierge

Sous-Préfectur de Reims

1 Secrétaire en Chef (Chef de Bureau)
3 rédacteurs
1 dactylographe
1 concierge

Sous-Préfecture de Sainte-Ménehould

1 Secrétaire en Chef (Chef de Bureau)
1 rédacteur
1 dactylographe
1 concierge

Sous-Préfecture de Vitry-le-François

1 Serétaire en Chef (Chef de Bureau)
1 rédacteur
1 dactylographe
1 concierge

Les concierges des Sous-Préfectures remplissent en même temps les fonctions de Garçons de Bureau.

ARTICLE 6. — Exception faite du Chef de Cabinet, les employés de la Préfecture et des Sous-Préfectures forment un corps unique. Ceux de la Préfecture peuvent indistinctement passer dans les Sous-Préfectures et vice versa. Leur répartition entre les divers services est faite par arrêté du Préfet.

CHAPITRE II.

Recrutement

ARTICLE 7. — Peuvent seuls se faire inscrire en vue du

concours de rédacteur, les français jouissant de leurs droits et âgés de 17 ans au moins et de 30 ans au plus à la date du concours.

La limite d'âge ci-dessus est reculée d'un temps égal à la durée des services antérieurs, civils ou militaires, susceptibles d'être comptés comme annuités dans le calcul de la pension de retraite, sans toutefois excéder une durée de dix ans.

ARTICLE 8. — Les concours pour les emplois de rédacteurs et de dactylographes sont annoncés par arrêté du Préfet publié au moins un mois à l'avance.

Cet arrêté fixera la date du concours, le nombre de places mises au concours, les pièces à fournir à l'appui de la demande d'admission.

Les candidats se font inscrire au Secrétariat Général de la Préfecture dans les 20 jours qui suivent la date de l'arrêté.

La liste des inscriptions est close à l'expiration de ce délai.

Les candidats admis à concourir en sont informés par le Secrétariat Général.

ARTICLE 9. — Les candidats aux concours de rédacteurs ou de dactylographes doivent produire en se faisant inscrire un dossier composé des pièces suivantes :

1° Une demande d'inscription sur timbre.

2° Une expédition authentique de leur acte de naissance.

3° S'il y a lieu tous documents justificatifs de leur qualité de Français.

4° Un extrait du casier judiciaire ayant moins de trois mois de date.

5° Un certificat de bonne vie et mœurs ayant moins de trois mois de date.

6° Un certificat délivré par un médecin assermenté désigné par l'administration, constatant qu'ils ont été vaccinés, qu'ils ne sont atteints d'aucune infirmité incompatible avec les fonctions auxquelles ils sont candidats ; qu'ils ne présentent aucun symptôme de maladie contagieuse de quelque nature que ce soit, et qu'ils peuvent sans danger pour autrui occuper un emploi dans un bureau. Cette pièce doit être remise directement à la Préfecture par le médecin de l'administration et non par le candidat. — Le certificat médical ne sera pas exigé des candidats qui feraient déjà partie de la Préfecture à la date de l'approbation du règlement, à condition qu'ils l'aient fourni antérieurement.

7° Une note signée du candidat faisant connaître les études qu'il a faites, les diplômes dont il est titulaire et les emplois qu'il a occupés ou les fonctions qu'il a remplies antérieurement.

8° Pour les jeunes gens âgés de plus de 21 ans, une pièce constatant qu'ils ont satisfait à la loi sur le recrutement de l'armée.

Article 10. — Les auxiliaires seront rémunérés au taux de la dernière classe d'expéditionnaire. Ils peuvent être licenciés après un mois de préavis.

Article 11. — Constitution des Commissions de Concours.

Concours de rédacteurs :
Le Secrétaire Général de la Préfecture, Président,
Un Chef de Division et deux personnes qualifiées désignées par le Préfet.

Concours de dactylographes :
Le Secrétaire Général de la Préfecture, Président,
Un Chef de Division désigné par le Préfet,
Un ou une dactylographe professionnel désigné par le Préfet.

Article 12. — Nature des Épreuves avec indication des coefficients pour chaque matière.

Concours de rédacteurs :

A — *Épreuves écrites* :

1° Rédaction sur un sujet d'ordre général ne nécessitant

pas de connaissances spéciales. Cœfficient : 3, durée 1 heure.

2° Rédaction sur un sujet général de droit administratif de droit civil ou de législation financière (l'épreuve sera jugée aussi au point de vue de l'orthographe et de l'écriture. Cœfficient : 3, durée 2 heures.

3° Composition sur l'application des quatre règles de l'arithmétique et des fractions, le système décimal et le système métrique. Cœfficient : 1, durée 1 heure.

Les épreuves écrites sont cotées de 0 à 20.

B — *Épreuves orales :*

1° Notions générales d'histoire de France de 1789 à nos jours. Cœfficient : 1.

2° Géographie de la France et de ses colonies, physique et économique. Cœfficient : 1.

3° Géographie physique, économique et politique du département. Cœfficient : 2.

4° Organisation administrative générale départementale et municipale. Interrogations sur : le Parlement — les Conseils Généraux — les Conseils d'arrondissement — les Conseils municipaux — Élections — Conseil d'État — Conseil de Préfecture — Loi municipale — État civil — Lois d'assistance et d'hygiène publique — Enseignement — Recrutement et réquisitions militaires — Organisation judiciaire — Fonctionnement des tribunaux — Procédure civile — Législation financière. Cœfficient : 3.

Les épreuves orales sont cotées de 0 à 10.

Concours pour l'emploi de dactylographe :

A — *Épreuves écrites :*

1° Une dictée à la main qui servira en même temps d'épreuve d'écriture. Durée 1 heure. Cœfficient 2.

2° Épreuve d'arithmétique élémentaire (4 règles, fractions, système métrique) Durée 1 heure. Cœfficient 1.

3° Copie dactylographiée pour laquelle il sera tenu compte du temps d'exécution. Cœfficient : 2.

4° Copie dactylographiée d'un tableau de modèle donné. Cœfficient : 2.

Les candidats ont le droit d'apporter leurs machines.

Les épreuves écrites sont cotées de 0 à 20.

B — *Épreuves orales :*

1° Épreuves de calcul rapide. Cœfficient : 1.

2° Interrogations sur l'histoire de la France, de 1870 à nos jours. Cœfficient : 1.

3° Interrogations sur la géographie de la France et la géographie physique, économique et politique du département. Cœfficient : 1.

Les épreuves orales sont cotées de 0 à 10.

Une épreuve facultative de sténographie donne droit à une majoration de 1/10 sur les points obtenus par le candidat aux épreuves de dactylographie.

ARTICLE 13. - Le nombre total de points attribués aux candidats est augmenté de 1/20 sur la production d'un brevet élémentaire ou du brevet de l'enseignement primaire supérieur ; de 1/10 pour un diplôme de bachelier complet ou d'un brevet supérieur de l'enseignement primaire ; de 1/5 pour le diplôme de licencié.

ARTICLE 14. — Aucun candidat n'est admis aux épreuves orales s'il n'a obtenu à l'écrit la moyenne de points.

Aucun candidat ne peut être reçu au concours s'il ne réunit pour l'ensemble de ses compositions les 2/3 des points ou s'il obtient un 0 pour une seule de ses compositions.

Un tableau d'admission par ordre de mérite est dressé à la suite de chaque concours public. Le jury du concours pourra, si les épreuves lui paraissent satisfaisantes, classer un certain nombre de candidats pour combler, le cas échéant, les vacances non prévues. Ce classement ne sera valable que pour nomination dans le délai d'un an.

ARTICLE 15. — Les huissiers, garçons de bureaux et concierges de la Préfecture et des Sous-Préfectures sont recrutés parmi les candidats désignés dans les conditions fixées par les articles 69 et suivants de la Loi du 21 Mars 1905 et par les articles 1, 2 et 3 de la loi du 17 Avril 1916 et 30 Janvier 1923.

A défaut, les postes vacants seront donnés par le Préfet à des candidats civils, ayant satisfait aux obligations militaires et âgés de 30 ans au plus, remplissant les conditions requises d'honorabilité et d'aptitudes physiques et pourvus au moins du certificat d'études primaires.

ARTICLE 16. — Les employés nommés dans les conditions fixées aux articles ci-dessus, ne sont titularisés dans leur emploi qu'après un stage d'un an. Ils ne peuvent toutefois être assujettis au régime de la caisse départementale des retraites qu'à partir de l'âge de 20 ans accomplis.

CHAPITRE III.

Avancement.

ARTICLE. 17. — Les avancements de classe ont lieu à l'ancienneté, tous les trois ans et au choix, au bout de deux ans.

Nul ne peut être promu s'il n'est porté sur un tableau d'avancement dressé dans les premiers jours de décembre de chaque année par une commission composée ainsi qu'il suit :

    Le Préfet, Président,
    Le Secrétaire Général,
    Un Sous-Préfet,
    Les Chefs de Division.

L'archiviste départemental et les autres chefs de services départementaux seront appelés à donner leur avis toutes les fois qu'il s'agira de statuer sur l'inscription au tableau d'un employé appartenant à leur service.

En cas de partage des voix, celle du Président est prépondérante.

Les Chefs de Division ne participent pas à l'établissement du tableau d'avancement qui concerne leur grade.

Les inscriptions au tableau ont lieu à raison de deux tours à l'ancienneté et d'un tour au choix.

Si, dans le courant de l'année, le tableau est épuisé, il est dressé, dans les mêmes formes, un tableau supplémentaire

Le tableau d'avancement est porté à la connaissance des intéressés par l'affichage dans le bureau des Chefs de Division ou de Services et dans le bureau de chaque Sous-Préfecture.

Tout employé qui se croit personnellement lésé a le droit de présenter par écrit une réclamation au Préfet dans le délai de 5 jours.

Les réclamations sont examinées par la Commission dans le délai de 10 jours, commission devant laquelle les réclamants peuvent être appelés à présenter leurs observations soit verbalement, soit par mémoire.

ARTICLE 18. — L'avancement dans chaque grade ou emploi a lieu d'une classe à la classe immédiatement supérieure.

ARTICLE 19. — La promotion au grade de Chef de Bureau et à celui de Chef de Division a lieu au choix.

Nul ne peut être nommé à ces emplois s'il n'est porté à un tableau d'aptitude dressé par la Commission chargée du tableau d'avancement.

Les Chefs de Divisions ne participent pas à l'établissement du tableau d'aptitude qui concerne leur grade.

Les Chefs de Bureaux sont choisis parmi les rédacteurs principaux ou les rédacteurs de 1re, 2e ou 3e classe de la Préfecture et des Sous-Préfectures du Département.

Les Chefs de Division sont choisis parmi les Chefs de Bureau de 1re, 2e ou 3e classe.

Les inscriptions au tableau d'aptitude ont lieu suivant l'ordre d'ancienneté des services.

Le tableau d'aptitude est porté à la connaissance du personnel dans les mêmes conditions que le tableau d'avancement.

Les nominations ont lieu dans l'ordre des inscriptions au tableau.

Toutefois, dans le cas où la Commission aurait estimé qu'aucun employé ne peut être inscrit au tableau d'aptitude, le Préfet pourra nommer à un emploi vacant un employé d'un autre département pourvu du même grade ou déjà porté au tableau d'aptitude pour le grade.

ARTICLE 20 — Les titres à l'avancement, soit pour les augmentations de classe, soit pour les promotions de grade, comptent uniformément du 1er Janvier, du 1er avril, du 1er Juillet ou du 1er Octobre qui suivra la date de l'augmentation de classe ou de la promotion de grade.

ARTICLE 21. — Par application des dispositions de l'article 7 du décret du 17 Juillet 1920, les employés de la Préfecture ou des Sous-Préfectures peuvent être pris dans un autre département, soit par permutation, soit par promotion, suivant le rang qu'ils occupent au tableau d'avancement de leur département d'origine et leur ancienneté de services.

ARTICLE 22. — Quand un employé atteindra l'âge de 60 ans il pourra être mis d'office à la retraite, s'il remplit toutes les conditions.

CHAPITRE IV

Traitements et Indemnités

ARTICLE 23. — Chaque année sera inscrit au budget départemental le crédit provisionnel destiné à l'application des traitements et indemnités.

Echelle des Traitements

Le taux des traitements auxquels l'Etat participe conformément au barème annexé à la loi du 20 Avril 1920 figure à la 1re colonne du tableau ci-après, la majo-

ration départementale, accordée par votre décision du
4 Mai 1920, fait l'objet de la colonne 2 et la colonne 3
représente la totalité du traitement touché par l'employé.

RÉDACTEURS

Stagiaire		3.800	700	4.500
6e classe	après 1 an	4.100	900	5.000
5e classe	3	4.400	900	5.300
4e classe	6	4.700	900	5.600
3e classe	9	5.000	900	5.900
2e classe	12	5.300	900	6.200
1e classe	15	5.600	900	6.500

RÉDACTEURS PRINCIPAUX

4e classe		6.100	700	6.800
3e classe	après 3 ans	6.600	500	7.100
2e classe	6	7.100	300	7 400
1e classe	9	7.600	100	7.700

CHEFS DE BUREAUX

5e classe		6.400	1.600	8.000
4e classe	après 3 ans	6.900	1.600	8.500
3e classe	6	7.400	1.600	9 000
2e classe	9	7 900	1.600	9 500
1e classe	12	8.400	1.600	10.000

CHEFS DE DIVISION

6e classe		9 100	1.400	10.500
5e classe	après 3 ans	9 600	1 800	11.400
4e classe	6	10 100	2 200	12.300
3e classe	9	10 600	2 600	13.200
2e classe	12	11.100	3.000	14.100
1e classe	15	11.600	3.400	15 000

DACTYLOGRAPHES ET EXPÉDITIONNAIRES

7e classe		3.800	500	4.300

6e classe	après 3 ans	4.100	500	4.600
5e classe	6	4.400	500	4 900
4e classe	9	4.700	500	5.200
3e classe	12	5.000	500	5.500
2e classe	15	5 300	500	5 800
1e classe	18	5 600	500	6.100

HUISSIER — GARÇONS DE BUREAUX — CONCIERGES

JARDINIER

Le nombre de classes, prévu par la loi du 20 Avril 1920, pour cette catégorie de personnel, est de 7, alors que le Conseil Général l'a fixé à 10 dans sa séance de Mai 1920, avec deux échelles de traitements suivant que les intéressés bénéficient ou non d'avantages en nature (logement, chauffage, éclairage).

La première colonne du tableau ci-dessous représente le traitement prévu par la loi, la seconde, celui accordé par le département aux agents qui bénéficient d'avantages en nature, la troisième, celui accordé aux agents qui ne bénéficient pas de ces avantages.

10e classe			3.800	4.300
9e classe	après 3 ans		4.000	4 500
8e classe	6		4.200	4.700
7e classe	9	3.800	4.400	4.900
6e classe	12	4.100	4.600	5.100
5e classe	15	4.400	4.800	5 300
4e classe	18	4.700	5.000	5.500
3e classe	21	5.000	5.200	5.700
2e classe	24	5.300	5.400	5.900
1e classe	27	5.600	5.600	6 100

Les majorations de traitements restent à la charge exclusive du département ainsi que les indemnités fixes suivantes accordées par de précédentes décisions du Conseil Général.

a) Indemnité familiale à tout employé marié...   500

b) Indemnité départementale suivant tableau ci-dessous :

CHEFS DE DIVISION ET CHEFS DE BUREAU

A leur entrée à la Préfecture	450 fr.
Après 3 ans de services à la Préfecture	675 »
6	900 »
9	1 125 »
12	1.350 »

AUTRES AGENTS TITULAIRES

A leur entrée à la Préfecture	300 fr.
Après 3 ans de services à la Préfecture	450 »
6	600 »
9	750 »
12	900 »

Toutes indemnités telles que : vie chère, résidence, charge de famille, majoration provisoire de traitement, ou autres qui seront instituées par l'Etat, définitivement ou temporairement, en faveur de ses agents, seront également servies par le département au personnel départemental, dans les mêmes conditions, aux mêmes taux et pour la même durée.

ARTICLE 24. — Il sera tenu compte pécunièrement au personnel de tout travail extraordinaire important exécuté en dehors des heures réglementaires de service.

CHAPITRE V

Discipline

ARTICLE 25. — Un dossier est constitué pour chaque employé dont il pourra prendre connaissance lorsqu'il sera traduit devant le Conseil de discipline.

ARTICLE 26. — Les peines disciplinaires sont :
L'avertissement.
Le blâme avec inscription au dossier.

Le retard dans l'avancement à l'ancienneté ou la radia
tion du tableau d'avancement.

La rétrogradation de grade ou de classe.

La suspension, sans que sa durée puisse excéder 6 mois.
La révocation.

Les deux premières peines sont prononcées par le
Préfet ou le Sous-Préfet.

Les autres sont également prononcées par le Préfet,
mais après avis d'un Conseil de discipliné composé
comme suit :

1º Le Secrétaire Général, Président.

2º Un Sous-Préfet.

3º Un Conseiller de Préfecture.

4º Un Chef de Division.

(ces trois derniers membres désignés par le Préfet)

5º Un employé du même grade que l'employé déféré et
choisi par lui.

ARTICLE 27. — En cas de faute grave ou en cas d'ur-
gence, le Préfet peut exceptionnellemeet prononcer la
suspension d'un employé avant la comparution de celui-ci
devant le Conseil de discipline ; si la peine prononcée
ultérieurement n'est ni la révocation ni la suspension,
l'employé aura droit à son traitement pendant la durée
de la suspension préalable.

Le Conseil de discipline doit, en tous cas, statuer dans
le délai d'un mois.

CHAPITRE VI

Travail et Congés

ARTICLE 28. — La présence au bureau est de 7 heurer 30.
Matin de 8 h. 30 à 12 h.

Soir de 14 h. à 18 h.

Nul ne peut manquer à son service ou s'en absenter
sans que le Chef de service n'en ait donné l'autorisation.

Toute demande d'absence de plus d'une journée doit
être adressée au Secrétaire Général.

Si les nécessités du service l'exigent, le personnel sera en toutes circonstances à la disposition de l'administration.

ARTICLE 29. — Il est expressément interdit au personnel de s'occuper dans les bureaux de questions étrangères au service de la Préfecture. Les employés ne pourront emporter, hors de la Préfecture, aucun dossier ou pièces quelconques, en vue d'un travail à domicile, sans autorisation du Chef de service.

ARTICLE 30. — Un congé de repos annuel de 3 semaines avec traitement est accordé à tout le personnel en tenant compte des nécessités du service.

Ces congés sont accordés à la Préfecture par le Secrétaire Général sur la proposition du Chef de Division ou Chef de service ; dans les Sous-Préfectures, par les soins du Sous-Préfet. Le congé des Chefs de Division est accordé par le Préfet, sur la proposition du Secrétaire Général.

ARTICLE 31. — Les congés pris en cours d'année pour convenances personnelles, viendront en déduction du congé annuel sauf le cas d'évènement de famille ou de maladie passagère dûment constatée par un certificat médical.

ARTICLE 32. — En cas de maladie grave, régulièrement reconnue par le médecin de l'administration, l'employé continuera à toucher son traitement intégral pendant 3 mois, ce traitement sera réduit de moitié pendant les 3 mois suivants, à l'expiration des 6 mois l'employé se trouvera en disponibilité et pourra, s'il en remplit les conditions, demander la liquidation de sa pension de retraite.

En cas de grossesse, un congé de deux mois avec traitement entier est accordé aux dames employées, moitié avant, moitié après les couches.

Un congé sans traitement est accordé par le Préfét aux employés de la Préfecture ou des Sous-Préfectures appelés sous les drapeaux pour la durée de leur service militaire obligatoire.

Ce congé compte pour l'avancement de classe à l'ancienneté au même titre que si l'employé était présent à son service.

Les employés mobilisés continuent à toucher l'intégralité de leur traitement, déduction faite, pour les gradés, de la solde militaire Leurs postes sont occupés par des auxiliaires temporaires.

ARTICLE 33. — Un employé peut, sur sa demande, pour raisons personnelles, être mis en disponibilité pour une période qui, en aucun cas, ne pourra excéder trois ans. Si à l'expiration de ce congé ledit employé sollicite sa réintégration dans les cadres, cette réintégration ne pourra être prononcée qu'autant qu'il existera une vacance d'emploi· du même grade que celui qu'il occupait lors de sa mise en disponibilité et pourra être retardée jusqu'à la troisième vacance qui suivra sa demande de réintégration.

L'employé mis en disponibilité pour raisons personnelles n'a droit, durant son absence, à aucun traitement ou indemnité. Le temps passé en disponibilité ne lui est pas compté pour l'avancement.

CHAPITRE VII

Dispositions diverses

ARTICLE 34. — Il est rigoureusement interdit aux employés de cumuler leurs fonctions administratives avec d'autres fonctions (industrielles, commerciales, etc...).

ARTICLE 35. — Les employés peuvent être détachés dans un autre service départemental. Ils sont, dans ce cas, rétribués par cet autre service, mais peuvent continuer à opérer leurs versements à la caisse départementale des retraites.

Les détachements sont autorisés par arrêtés préfectoraux.

Dans le cas ou un employé est détaché dans un service départemental ou autre, non rétribué, il continue à recevoir son traitement et les indemnités qu'il percevait avant d'être détaché.

Article 36. — Les employés de la Préfecture et des Sous-Préfectures admis à la retraite, qui ont fait preuve au cours de leur carrière d'un zèle et d'un dévouement constant peuvent être nommés par le Préfet, sur la proposition de la Commission, à l'honorariat de leur grade et, exceptionnellement du grade supérieur, sur la proposition du Secrétaire Général ou du Sous-Préfet.

Fait à Châlons, le 13 Septembre 1923.

Le Préfet,

J. BRISAC.

RÉPUBLIQUE FRANÇAISE

Préfecture de la Marne

Extrait du Procès-verbal des délibérations du Conseil Général

Session de Septembre 1923

Séance du 13 Septembre

M. Pougnant, au nom de la cinquième Commission, donne lecture du rapport suivant :

Règlement du Personnel de la Préfecture et des Sous-Préfectures

« MESSIEURS,

« M. le Préfet vous soumet un nouveau projet de règlement du personnel de la Préfecture et des Sous-Préfectures.

« Pour établir ce travail, M. le Préfet a suivi point par point le règlement type des Préfectures et Sous-Préfectures, annexé au décret du 17 Juillet 1920, et le canevas en a été respecté, tout en modifiant certains détails pour les mettre en harmonie avec les décisions prises antérieurement et sur votre agrément, par mes prédécesseurs, à l'égard du personnel, décisions dictées d'ailleurs par les exigences de l'Administration et les besoins légitimes des employés.

« La seule réforme importante proposée concerne l'âge d'admission des candidats rédacteurs.

« Les situations qui sont offertes aux employés présentent de sérieux avantages et semblent permettre d'espérer un personnel de sélection ; cependant j'ai été frappé, notamment au dernier concours de rédacteurs, du faible niveau d'instruction des candidats ; c'est à grand peine que, malgré un examen très simple, quatre seulement sur dix-huit concurrents réunirent le minimum de points exigés

« La cause en est, je crois, aux conditions d'âge imposées qui d'après l'article XIV du règlement de 1919, stipulent que pour prendre part au concours de rédacteurs, il faut avoir satisfait aux obligations militaires.

« Là en est l'écueil.

« Les examens de fin d'études, primaires, supérieures, ou secondaires (brevet supérieur ou baccalauréat) ont toujours lieu vers la seizième année d'âge de l'élève.

« Nanti de ce premier diplôme qui constitue généralement le seul qui brigue, le nouveau titulaire cherche une situation, commerciale ou administrative, où il exercera, peut-être dans des conditions inférieures jusqu'à son départ au régiment, mais où il sera certain de retrouver sa place le jour où il finira son service militaire.

« Nos conditions actuelles de recrutement ne nous permettent pas de faire appel à ces jeunes gens et, ne se présentent en général à nos concours, que ceux qui, pour des causes diverses, dont l'incompétence en est une, n'ont pu trouver de position stable avant leur incorporation.

« M. le Préfet a cru opportun de mettre l'Administration Préfectorale en concurrence avec les autres administrations ou industries privées qui s'offrent aux jeunes gens au sortir des écoles, et il propose d'abaisser l'âge d'entrée dans les bureaux à 17 ans, sans que l'employé puisse être titularisé avant d'avoir satisfait aux obligations du service militaire, donc sans modifier en aucun point, ainsi que vous pourrez vous en rendre compte, le règlement de la Caisse des Retraites.

« M. le Préfet vous prie de vouloir bien examiner ce nouveau projet de règlement, qui deviendra applicable dès qu'il aura reçu votre approbation. »

Adopté.

Pour extrait conforme :

Le Conseiller de la Préfecture délégué,

Marc MILLET.

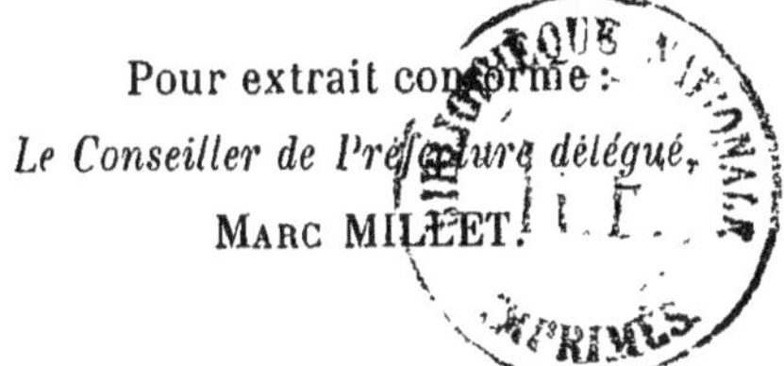